E. MEIGNEN

Huit Jours en Bosnie

Dessins de G. Scott et de A. Bloch

BERGER-LEVRAULT & Cᶦᵉ, ÉDITEURS

PARIS | NANCY
5, rue des Beaux-Arts, 5 | 18, rue des Glacis, 18

1897

Huit Jours en Bosnie

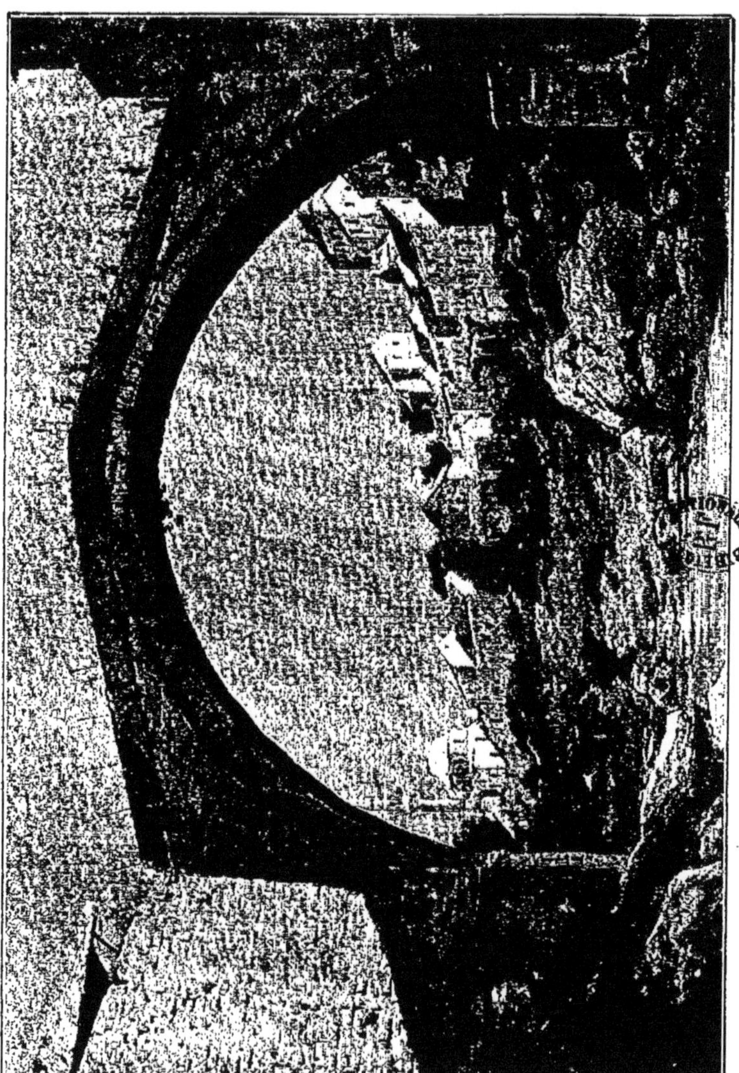

MOSTAR. — Le Vieux pont.

E. MEIGNEN

Huit Jours en Bosnie

Dessins de G. Scott et de A. Bloch

BERGER-LEVRAULT & Cie, ÉDITEURS

PARIS
5, rue des Beaux-Arts, 5

NANCY
18, rue des Glacis, 18

1897

A

M. B. DE KÁLLAY

Témoignage d'admiration

pour la grande œuvre qu'il a accomplie.

INTRODUCTION

—

« Le calme, la paix, la sécurité sont inconnus dans les montagnes de la Bosnie. Les maisons ressemblent à de petites citadelles sombres et menaçantes ; des postes d'observation sont établis quelquefois dans les arbres, le long des chemins. Quiconque ose s'aventurer parmi ces populations, sans cesse armées pour attaquer ou se défendre, court à chaque instant le risque de payer cher sa témérité. » Voilà ce que disait, il n'y a pas un demi-siècle, M. Hippolyte Desprez dans son *Étude sur les peuples de l'Autriche et de la Turquie*. Le pays s'est transformé depuis le jour où ces phrases ont été écrites. Avec le concours actif de M. Henri Moser, M. de Kállay, ministre

des provinces occupées par l'Autriche, a ouvert la « Suisse musulmane » aux excursionnistes de toutes les parties du monde. Le défilé de la Narenta, Mostar et les sources de la Bouna, les lacs de la Pliva, Jajce et sa magnifique cascade, Travnik, ancienne résidence des pachas turcs, Sarajevo, capitale moderne, deviennent aussi célèbres que les gorges de Pfeffers, le glacier du Rhône, les lacs de Brienz et de Thoune, Schaffhouse et la chute du Rhin, Lucerne et Genève.

Dans les vallées de la Bosnie, encadrées de forêts vierges et dominées par les Balkans couverts de neige, les turbans, les minarets et les chants des muezzins remplacent avec avantage les chapeaux à voile vert, les enseignes monstrueuses et les cors des Alpes; on se croirait loin d'Europe, tout au moins dans cette jolie campagne de Brousse que domine le mont Olympe.

Si vous arrivez par l'Adriatique, vous revoyez Venise et Trieste, vous visitez Spalato, construit dans le majestueux palais de Dioclétien, Zara avec sa belle muraille vénitienne, Pola, moderne en son important port de guerre, ancien en ses monuments romains, enfin, les îles de l'Istrie et de la Dalmatie.

Si vous préférez passer par Vienne, voir
Budapest, où de larges boulevards, des
enseignes chaudement coloriées et une langue
inconnue rappellent Varsovie, Moscou, Saint-
Pétersbourg, vous traversez la Pouszta, plaine
interminable aux mares couvertes de palmi-
pèdes, aux villages pressés autour de jolies
églises ; sa monotonie semble une habileté de
la nature, qui, à l'instar des peintres, a voulu
jeter des touches sombres pour faire ressortir
plus vivement les valeurs du sujet principal.

CHAPITRE 1ᵉʳ

Le Danube et la Save. — Un train à la nage. — Les Bosniens. — Les musulmans et les raïas.

Deux formidables barrières séparent le monde chrétien du monde musulman : le Danube et la Save.

Le Danube a plus d'un kilomètre de largeur. Quel pont à construire ! Les ingénieurs, d'ordinaire impassibles, ont reculé devant la tâche à entreprendre : ils ont jeté les yeux sur les *ferries* américains, et, le progrès n'étant parfois qu'un retour en arrière, ils ont accommodé le bac de nos ancêtres à la mode de nos jours.

Après un long arrêt à la station de Gombos Bogojeva, le train descend vers le fleuve ; il plonge et se place doucement sur un ponton qui, mû par sa machine à vapeur, file contre la chaîne tendue d'une rive à l'autre.

La Save, aussi large que le Danube, est le
fossé de la forteresse musulmane démantelée :
elle sépare les deux villages de Brod, jalons
de mondes différents, et forme la limite entre
les produits de la Belle Jardinière et ceux
des bazars de Constantinople. Désormais,
plus de souliers noirs, mais
des babouches, des opankés,
des bottes jaunes ou la plante
des pieds ; aux chaussettes
vont se substituer des lanières étroitement serrées, ou
les seules végétations de la nature ; les jaquettes et les vestons

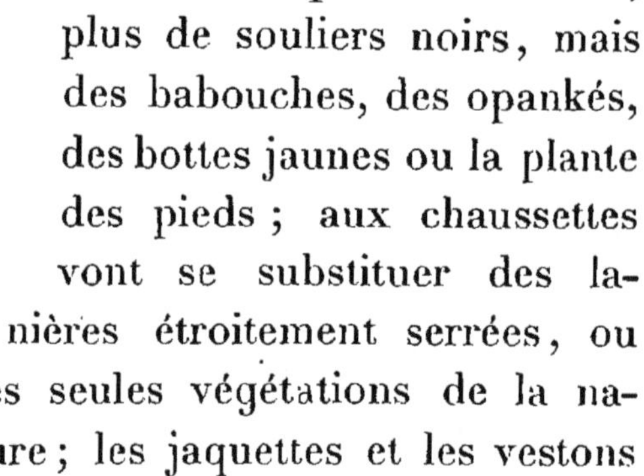

seront remplacés par des gilets brodés et
des ceintures larges comme des corsets ; les
turbans et les fez couvriront des figures bru-
nies où la moustache broussailleuse semblera
taillée dans la peau ridée. Pâlis par le soleil
et la pluie, tachés et déchirés dans les multiples occupations de la vie, les costumes
orientaux ont l'intérêt des choses d'un autre
temps. Ils font regretter parfois de ne pouvoir
épier sur les lèvres ou dans les yeux d'une

femme l'imperceptible trace du sourire, mais la vision qui passe enveloppée de féridjis épais, ou les moucharabys qui ferment les appartements réservés ont au moins le mérite de laisser le cœur calme en donnant libre cours à l'i-magination. A Constantinople, un coup de vent habilement cher-ché, une agrafe adroitement bri-sée laissent aper-cevoir un visage fardé ou une robe apportée de Paris

à grands frais ; il n'en est pas de même en Bosnie : seules, les jeunes filles ont un faible appareil de défense, un voile léger rejeté sur l'épaule. « Si tu veux voir ta fiancée, dit un vieux proverbe turc, va en Bosnie. »

Les Bosniens ont l'allure martiale, et leur type n'est jamais insignifiant ni banal. Ce sont bien les descendants de ces hordes barbares appelées par Héraclius pour résister aux invasions des Boses et des Avares.

Les uns, catholiques romains ou orthodoxes, sont restés attachés à la religion chrétienne, professée par saint Jérôme, saint Cyrille, saint Méthode et saint Vit ; les autres ont embrassé la religion musulmane, pour plaire aux conquérants venus de l'Orient.

Autrefois, les mahométans étaient seuls propriétaires du sol ; flagellant les chrétiens du nom haineusement sonore de « raïas », ils les avaient dépouillés et asservis. Pour se soustraire aux rapines et aux vexations, les raïas avaient dû se réfugier dans les montagnes, loin des routes ; ils vivaient comme des bêtes, cachés au fond de misérables cabanes où les fentes du toit faisaient l'office de cheminées. Ils ne pouvaient ni porter le turban, ni laisser croître la barbe. Leurs chapelles, desservies par des franciscains que les papes avaient envoyés pour résister aux schismes des Bogomiles et des Grecs, ne possédaient pas de cloches, leur son pouvant troubler les prières des muezzins.

Les raïas devaient gîte et nourriture à leurs frères renégats, et le témoignage de cent d'entre eux ne pouvait prévaloir contre l'affirmation d'un musulman. Des supplices spéciaux leur étaient réservés : l'hiver, on les exposait à la fumée du bois vert ou on les inondait d'eau froide ; l'été, on les dépouillait de leurs vêtements, on enduisait leurs corps de miel, et on les abandonnait, liés à des arbres, aux piqûres et aux chatouillements des insectes.

Les premiers bandits furent des chrétiens qui avaient voulu, par la fuite, échapper à des supplices immérités. Leurs successeurs s'assurèrent la faveur et la protection des raïas en se présentant comme des justiciers, lorsqu'ils tuaient et détroussaient les riches musulmans qui parcouraient la contrée.

Le sort des chrétiens a beaucoup changé : paysans, ils arrondissent leurs terres, ache-

tant toujours, ne vendant jamais, car la pri-
vation de la propriété pendant des siècles
leur a inspiré pour elle un véritable culte;
citadins, ils s'emparent des commerces pro-
ductifs, à l'exemple de ces juifs d'Espagne
qui, prétendant descendre de la tribu de
Juda, couvrent de mépris leurs coreligion-
naires allemands et russes venus en Bosnie
à la suite de l'armée autrichienne.

CHAPITRE II

Les premiers rayons du soleil éclairent un torrent impétueux, de profondes forêts, de hautes montagnes sur le flanc desquelles le train serpente, passant avec lenteur de la vallée de la Save dans celle de la Bosna.

Lorsqu'on a vu la Turquie, l'Asie mineure, l'Égypte, la Tunisie, l'Algérie, le Maroc, on associe le costume oriental à une nature ingrate et brûlée ; ici, dans une campagne pleine de fertilité et de fraîcheur, il donne l'impression d'un travestissement.

Cependant, nous sommes bien au milieu des musulmans : leurs maisons noires, abritées sous des plaques d'écorce dressées en arête aiguë, se serrent autour du vieux château de

Doboj, ancienne résidence des rois de Bosnie, ou sur le rocher de Vranduk qui, percé par la route, étrangle le torrent en précipitant son cours. Les Autrichiens, arrêtés à tout instant par des retranchements et des embuscades, mirent dix-huit jours à franchir ce

défilé, qui pouvait devenir absolument inexpugnable. Les musulmans fuyaient devant eux et se reformaient plus loin, combattant en guerilleros ou en francs-tireurs.

Les forêts couvrent la moitié de la province. Autrefois, les incendies tenaient lieu de coupes; leurs taches lépreuses ont dis-

paru : une sage et habile exploitation con-
serve au pays sa beauté.

Un tabac fin et parfumé, ressource des
jolies Hongroises pendant les longues soirées
officielles, remplace les genêts, les bruyères et
les ajoncs ; des cigarières, favorites des « don

Josés » de l'armée autrichienne, emplissent les
manufactures de Mostar et de Sarajevo.

De leurs produits desséchés, les innom-
brables pruniers de la Bosnie approvisionnent
le marché européen. Mais, avant de laisser
partir sa récolte, le paysan prélève la provi-

sion nécessaire pour assurer sa fabrication
de *slivovitsa*, de cette eau-de-vie brûlante
qu'il a trop d'occasions de boire, pendant l'an-
née, à la santé de ses amis et à l'abondance
de la récolte suivante.

Au milieu des champs, parmi les meules
montées sur des échasses, apparaissent des
porcheries roulantes, piquées de groins ; les
musulmans, à qui le porc est défendu, appe-
laient la Bosnie le « pays des cochons ».

On pouvait aussi l'appeler le pays de l'or,
de l'argent, du mercure, du cuivre, du sel,
du fer ou du charbon de terre. Il suffisait de
travailler et de réunir des capitaux pour met-
tre en valeur les richesses dédaignées ; c'est
ce que font les Autrichiens, et chaque jour
voit s'ouvrir des exploitations nouvelles.

CHAPITRE III

Au pied du sombre Trébéviç, de cette montagne aux murailles abruptes et au diadème
de neige que les Autrichiens durent enlever
à la baïonnette, s'étend Sarajevo, la Bosna-
Séraj des Turcs, la ville porc-épic dont toutes
les pointes sont des minarets. Là se trouvait
jadis le camp retranché de la Bosnie. La
vieille forteresse qui domine le cours de la
Miljatchka rappelle la domination des souve-
rains slaves et, dans ses épaisses murailles, le
vizir turc, relégué à Travnik, ne pouvait sé-
journer que quarante-huit heures chaque an-
née. En 1878, les Autrichiens y rencontrèrent
le meneur fanatique Hadji-Loja, qui, par ses

prédications enflammées, provoqua le massacre et l'incendie ; devenu ermite, il égrène aujourd'hui son chapelet sur le tombeau du prophète, en priant pour l'indépendance de la Bosnie.

Le vieux Sarajevo, la ville de bois des Turcs, disparaîtra un jour. Des incendies formidables ont réduit en cendres bien des maisons pittoresques ; plusieurs palais, de somptueuses églises, un musée qui montre la variété des costumes de la Bosnie et réunit les richesses des nécropoles néolithiques et des colonies romaines, ont effacé la trace de repaires où les farouches musulmans croyaient arrêter à tout jamais la civilisation européenne.

L'Autriche a voulu donner un témoignage éclatant de son respect pour le passé : elle a construit, sur les modèles les plus purs de l'architecture orientale, un immense édifice où les softas se livrent à l'étude du Coran et du droit musulman.

Certains quartiers de Sarajevo ont conservé leur aspect d'autrefois. Suivez les bords de la Miljatchka, ou montez vers la citadelle, vous trouverez de vieux ponts, des maisons suspendues, des cafés où les tziganes jouent des airs épileptiques pendant que la bière, seule boisson fermentée que Mahomet n'ait pas interdite parce que, quoique prophète, il ne l'avait pas prévue, coule à flots aussi pressés que dans les brasseries de la Friedrichsstrasse.

Par un chemin pierreux qui domine la rivière, on arrive au cimetière juif, chaos de rochers couverts de caractères hébraïques. Le cimetière musulman est à l'autre extrémité de la ville, au-dessus des gorges de la Miljatchka, dans un endroit où les maisons à toits de bois, cachées dans la verdure et les fleurs, ont la poésie de pagodes japonaises. Si les femmes, qui n'ont pas accès dans les mosquées, ont place dans les cimetières, c'est à la condition que leurs cippes, privés de l'ornement du turban, porteront le stigmate de leur infériorité. Et pendant bien des siècles un esclave favori — honni soit qui mal y pense ! — occupa aux côtés de son maître la place de l'épouse légitime.

Dans les villages, les cimetières entourent les mosquées. Il en était de même dans la capitale, mais les Autrichiens ont apporté dans leurs bagages les théories hygiéniques du XIXe siècle. Une grave question se posa, dès les premiers temps de l'occupation : comment faire disparaître les anciens tombeaux, qui envahissaient la moitié de la ville, l'espace occupé par les morts s'étant étendu chaque jour aux dépens des vivants? On ne pouvait violer les prescriptions du Prophète sans s'aliéner à jamais les populations du pays. Mais le Coran défend de toucher aux tombeaux, et ses interprètes insouciants, fatalistes et économes, se sont facilement persuadé qu'ils commettraient un sacrilège, même en cherchant à les réparer. Il suffisait alors d'aider la nature à accomplir la tâche qu'on ne pouvait entreprendre. Une épaisse verdure est chargée d'effacer, sans récriminations ni révoltes, la trace des monuments; les arbustes d'un jardin public, habilement dirigés, enlacent les derniers stèles, et leurs rameaux meurtriers les ensevelissent sous les fleurs. Un jour prochain, le terrain à bâtir aura conquis la place où se livre la lutte entre la vie végétative et le souvenir des morts.

Cent minarets d'une blancheur d'albâtre se détachent de la verdure au milieu des toits noirs. Quelle légion d'imans, de cheiks, de muftis, de kiatifs, de muezzins, de lecteurs et de chanteurs représentent ces mosquées de Sarajevo ! On voit bien que la religion musulmane, réserve des chefs, privilège des propriétaires du sol, a toujours été richement dotée.

Cinq fois en un jour, de tous les minarets de la Bosnie et de l'Herzégovine, tombent les plaintives modulations qui appellent les fidèles à la prière. Le muezzin, debout sur la galerie, les mains appuyées à la balustrade et les yeux au ciel, s'arrête aux quatre points de l'horizon en se tournant d'abord du côté de la Mecque, et chante la grandeur d'Allah.

La plus importante des mosquées de Sarajevo porte le nom du pacha victorieux Usrev, qui la fit construire au XVIe siècle ; on l'appelle vulgairement la mosquée du beg, la djamia begova. Dans la cour ombragée, les fidèles font leurs ablutions à la fontaine sacrée ; quelques-uns saluent en passant le turbé du fondateur, assisté jusque dans la mort par un de ses esclaves les plus chers. Un portique à cinq baies, couronné de calottes noires et blanches, donne accès dans le temple où, sur les tapis et les nattes, des musulmans sont accroupis en face du mihrab qui signale la direction de la Mecque. Aux murs blancs s'enlacent des versets du Coran, formés de cette gracieuse écriture serpentine que les Orientaux tracent avec une lenteur d'artistes, penchant la tête à chaque mot pour juger de l'effet produit.

CHAPITRE IV

Le bazar. — Commerçants bosniens. — Trop de fêtes !
Les tapis et le damasquinage. — Nocturne.

La ville de Sarajevo jouit de l'autonomie communale : à la tête de sa municipalité se trouvent le beg capitanovich, musulman, et un adjoint orthodoxe.

Le palais municipal domine le quartier commerçant, la Çarsia, dont la fontaine grillagée est jonchée de petits marchands et de misérables en quête de corvées.

Le bazar est la grande attraction des villes orientales : c'est là que se concentre leur animation. A Sarajevo, les rues qui le composent présentent une suite ininterrompue d'échoppes sans portes ni fenêtres, séparées par des planches et fermées, le soir, par des auvents de bois. Les toits se touchent presque, répandant une obscurité favorable au *far niente*. Au cré-

puscule, les marchands regagnent leurs harems, laissant à la grâce d'Allah les cahutes de bois où la moindre étincelle causerait des désastres. Ils ont encore présent à la mémoire

le terrible incendie de 1879, qui réduisit en
cendres plus de trois millions de marchan-
dises dans le souterrain du bezestan.

Jambes croisées, les uns frappent le métal
à petits coups pressés, les autres contemplent

la fumée de leurs narghilehs ou de leurs ciga-
rettes en attendant la clientèle. Chaque commerce occupe une rue, étroite et sans mystère, où l'égalité devant le client est la règle,
car la concurrence ferait naître des haines farouches et engendrerait de furieux pugilats.
Pour montrer une étoffe de luxe, des armes
de prix, des bijoux précieux, le marchand

doit ouvrir des tiroirs multiples, déplacer des objets encombrants, trouver la clef d'armoires hermétiquement fermées. Aussi ne « magasine »-t-on pas à Sarajevo comme dans les riches magasins de Broadway ou de la cinquième Avenue !

La différence des religions favorise l'apathie et la paresse. Musulmans, juifs espagnols, chrétiens s'embrouillent à plaisir dans leurs fêtes respectives, et chôment volontiers les vendredis, samedis et dimanches de chaque semaine. Rares sont les journées qui ne sont coupées que par la sieste de midi !

Ce n'est pas au bazar qu'on rencontre les ouvriers appelés à relever le commerce national. Des écoles professionnelles ont été créées. Le gouvernement autrichien, développant chez les jeunes filles des dispositions séculaires pour la confection des tapis, a obtenu, en quelques années, des artistes d'une habileté remarquable : elles donnent aux pièces qui leur sont confiées une véritable originalité. Les garçons sont réunis à l'école d'art industriel où, sur les modèles du musée, ils retrouvent les procédés d'incrustation et de damasquinage perdus par la nonchalance des uns et par la mort des autres, qui avaient fait donner à la ville de Bosna-Séraj le surnom de « Damas de l'Occident ».

Rien n'est poétique comme une nuit d'été à Sarajevo ! On se croirait en Grèce ou en Égypte : le ciel, sablé d'étoiles, couvre les maisons d'un dôme argenté. Quittez alors la soirée officielle où se coudoient les habits noirs, les uniformes autrichiens et les costumes musulmans ; abandonnez le fumoir où le métropolite et le grand rabbin voisinent avec les Autrichiennes et les Hongroises, et gagnez la citadelle d'où la ville, dominée par les montagnes, apparaît comme un nid dans l'angle de la plaine immense. Au retour l'éclat des lumières vous montrera vos habits blanchis, couverts d'une poudre impalpable, mais vous aurez entendu les mélopées du soir ou les psalmodies des muezzins ; la lumière du gaz vous aura montré des joueurs accroupis sur des bancs, dégustant lentement, le chibouk aux lèvres, les tasses minuscules de ce café maure qui laisse à la bouche un goût fade ; enfin vous aurez surpris, dans la pénombre de la rue, bien des scènes pittoresques qui vous auront semblé jouées par des masques à la sortie d'un bal costumé.

CHAPITRE V

*La « saison » de Sarajevo. — Les courses. — Les che-
vaux fourrés. — Sur la route d'Ilidze. — Chrétiens,
. musulmans, spagnioles et tziganes. — Moines cavaliers.*

Sarajevo a sa saison, comme Dieppe ou
Trouville. Au mois de juillet, de grandes
courses ont lieu, près d'Ilidze, dans un cercle
de hautes montagnes. Les chevaux bosniens
sont appelés à y prendre part. Leurs propriétaires les réunissent la veille au dépôt de ca-
valerie pour les soumettre à l'examen des officiers autrichiens. Tâche longue et difficile !
Chacun croit à la supériorité de son cheval :
le poussant de la voix, des jambes et des
bras, il lui a fait un jour fendre l'espace pendant quelques centaines de mètres, et l'a pro-
clamé invincible.

Les pauvres animaux sont enveloppés de couvre-pieds et de lourds manteaux de fourrure. C'est avec une extrême délicatesse que le paysan fait tomber et remet cette affreuse carapace, lorsque se présentent les officiers délégués.

Les chevaux retenus pour disputer les prix, semblables à des momies égyptiennes, sont promenés en main, alourdis et couverts de sueur, jusqu'au moment où commencent les courses. Ce régime est destiné à leur donner des ailes lorsque, débarrassés de leurs grotesques corsets, ils retrouvent la liberté de leurs mouvements.

Le jour des courses est arrivé. Les jolis hôtels d'Ilidze, ce Vichy de la Bosnie, regorgent de riches Autrichiens ; le chemin de fer jette sur ses quais élégants une foule bariolée. Au milieu d'épais nuages de poussière filent les omnibus d'hôtel, les landaus où s'écrasent officiers et soldats, chrétiens et musulmans, les carrioles attelées à la corde où les paysans se cramponnent fourbus, abritant leurs visages hâlés sous de grands parapluies, premiers objets que les peuples primitifs empruntent à la civilisation européenne.

La pelouse offre un aspect curieux. Dix mille paysans bosniens, herzégoviniens et monténégrins dans les costumes les plus variés circulent autour des marchands de fruits et de pains de maïs qui répandent leurs produits sur le sol ou sur des tables improvisées ; les voitures, les toits, les barrières offrent des places de choix, et ces positions restent inexpugnables.

Ici sont des chrétiens, romains ou orthodoxes, de ces raïas aujourd'hui affranchis après une servitude de cinq siècles. Du gilet ouvert sur la poitrine sortent de grandes manches de toile brusquement coupées au coude ; une ceinture de laine borde la jupe qui s'arrondit sur la culotte bouffante ; aux pieds ils ont l'opanké, chaussure des Slaves, et sur la tête le fez, emprunté aux musulmans. Quelques descendants des Avares, premiers conquérants du pays, laissent croître sur leur crâne rasé une mèche de cheveux qui glisse sur l'épaule et tombe au milieu du corps.

Là sont des musulmans, anciens chrétiens qui ont obtenu le maintien de leurs privilèges et conservé leurs biens en se convertissant à l'islamisme à l'époque de l'invasion des Turcs. Le turban s'enroule sur leurs fez où des broderies d'or signalent le pèlerin de la Mecque ; la veste de soie est ornée de dessins étranges ou constellée de plaques de métal ; une ceinture de cuir, jadis remplie d'armes terribles, serre dans ses lanières multiples un paquet de tabac et une pince à charbon pour allumer la pipe ; les guêtres s'entr'ouvrent, laissant passer les babouches pointues.

Les spagnioles, juifs chassés d'Espagne par Torquemada, ont conservé le costume et les

usages de leur pays d'origine, dont ils écrivent la langue en caractères hébreux ; leurs femmes portent la mantille, et leurs lourds cheveux noirs sont emprisonnés dans des diadèmes de livres turques ou de pièces d'or autrichiennes.

Les tziganes, ces bohémiens de l'Orient européen, promènent dans la foule leurs guitares et leurs violons. Ils ne ressemblent guère à ceux des capitales, porteurs de vestes à brandebourgs et de bottes à l'écuyère ; leurs femmes demandent la charité, couvertes de guenilles à travers lesquelles les jambes et les pieds nus apparaissent blancs de poussière.

Des franciscains, joyeux compagnons venus des couvents de la montagne, passent au trot de leurs chevaux, l'air belliqueux sous l'épaisse moustache, la taille prise dans une longue redingote entourée d'une corde blanche, le visage mal protégé contre les rayons du soleil par un banal chapeau de feutre. Parfois on rencontre un pope, à la démarche majestueuse. Sa barbe atteint la croix d'argent qui ballotte sur sa poitrine ; son haut bonnet couvre une épaisse et longue chevelure.

Les femmes catholiques sont nombreuses ; leurs visages portent l'empreinte profonde de cinq cents ans d'attachement à la glèbe, mais les ornements posés dans leurs cheveux tressés, les vestes brodées, si jolies sur le costume blanc

CHAPITRE VI

Près de l'enceinte réservée, immobiles sur
leurs petits chevaux, sont les káwas de M. de
Kállay, vieux guerriers à l'aspect farouche,
aux costumes couverts de plaques métalliques,
porteurs de pistolets énormes et de longs sa-
bres recourbés.

Entrons au pesage. Des bookmakers, arri-
vés de Vienne et de Budapest, reçoivent les
paris sur les chevaux de race anglaise, sur les
« professionnels » appartenant aux grands propriétaires. Quant aux chevaux du pays, leurs
mérites sont peu connus ; on ne pourrait les
jouer qu'à pair ou impair.

Rien n'a été négligé pour donner aux écu-
ries comme aux tribunes le confort et l'élé-

gance. Dans la tribune officielle ont pris place
M. et Mme de Kállay, entourés d'Autrichiennes
et de Hongroises en toilettes élégantes, et
d'un état-major d'officiers et de fonctionnaires.

Les courses commencent. Laissons passer
les chevaux de race anglaise et les produits
des étalons de l'État ; retrouvons nos chevaux
bosniens. La cloche du pesage a sonné ; on
les débarrasse à la hâte de leurs lourdes couvertures.

Les jockeys ont la maigreur et la figure de l'emploi, mais quels costumes ! Le fez blanc étreint leurs pauvres têtes décharnées ; sur des vestes bruyantes se détachent de larges numéros qui, pendant la course, vont danser une

sarabande autour de leur cou ; les pantalons remontent en dégageant la peau brune des jambes, et les pieds, perdus dans des chaussettes trop larges, se contractent nerveusement sur les barres de bois qui servent d'étriers.

Le signal du départ est donné. C'est une course mixte : les chevaux du pays se mesurent avec des chevaux de race anglaise. Hélas ! ils n'ont pas acquis, sous leurs couvertures, les qualités que donne un judicieux entraînement. Les anglais paraissent en un seul peloton, forçant l'allure, la tête classiquement tendue vers le but ; leurs concurrents bosniens, usés, fourbus, restent éparpillés sur la piste, recueillant des encouragements inutiles.

Maintenant c'est une course de paysans. Les jockeys, énervés par les cris du peuple, se dressent sur leurs selles, agitant les bras et les jambes avec fureur, poussant des sons inarticulés pour obtenir les dernières foulées d'un cheval épuisé. Des cavaliers épars, ayant à jamais perdu l'espoir du succès, ramènent lentement les pauvres bêtes qui n'ont pu soutenir la lutte.

Des cris, des chants se font entendre. On voit, sur de longues piques, les corps écorchés de moutons et de bœufs que M. de Kállay offre au peuple. Abattus sur la pelouse et rôtis à des feux de bois sec, ils sont triomphalement portés devant la tribune officielle, et tout à l'heure, au signal convenu, ils seront dépecés, partagés et mangés par une foule en délire.

La journée se termine par la distribution des récompenses. Parmi les lauréats se trouve un derviche, à l'allure lente et pondérée, au visage extatique encadré de longs cheveux gris ; après le triomphe de son cheval ses vêtements ont été mis en lambeaux par des fidèles trop émus.

CHAPITRE VII

Nous avons quitté ce matin les jolis hôtels d'Ilidze, groupés autour des puits bouillonnants. Nous voici loin des servantes accortes et complaisantes, des barbiers qui, l'opération faite, plantent au cou du patient le plat à barbe de Don Quichotte, des grands bachibouzoucks à l'air féroce qui, remplaçant les pistolets d'arçon par des petites cuillers, versent le café noir avec la même gravité que s'ils offraient au chef, à l'occasion d'une fête, le nez et les oreilles de quelque misérable raïa.

Ilidze sera une ville quand nous y reviendrons. D'élégants chalets, de majestueux hôtels seront construits sur l'emplacement de la

cité romaine *Ad Matricem ;* un boulevard s'é-
tend déjà jusqu'au pied du mont Igman, d'où
la Bosna sort formée des entrailles de la
terre.

Nous sommes sur la route de Komar à
Jajce, traînés à vive allure par les petits chevaux du pays. Les voitures brillent au soleil

comme des feux allumés au milieu des champs,
et, dans l'air, s'élèvent d'épais nuages blancs.
Après tant de poussière jetée au vent, comment la route n'est-elle pas une profonde tran-
chée ? L'administration prévoyante a-t-elle
formé quelque corporation de balayeurs de
grands chemins pour ramener au point de
départ la poussière égarée dans les champs
voisins ? Mystère que les excursionnistes n'au-

ront plus à pénétrer puisque le train les dépose aujourd'hui aux portes de Jajce.

La voiture avait bien son charme. On arrivait la bouche sèche, les cheveux et la barbe blancs de poussière, mais on avait traversé lentement une contrée admirable ; on avait suivi, dans une gorge boisée, les méandres d'un torrent tapageur ou gravi, dans des forêts épaisses et solennelles pleines d'ours et de sangliers, les lacets étroits d'un col élevé ; certains incidents vous avaient édifié sur la vie du village, à peine devinée par les vitres d'un wagon. Et tout à coup, au détour du chemin, la Pliva vous était apparue, tombant sur les rochers qui la pulvérisent, au pied de la petite ville de Jajce perdue dans la verdure. La chute de la Pliva, c'est la moitié du Niagara d'Europe ; l'autre moitié est en Finlande, à Imatra, près du joli lac Saïma, où les arbres et les fleurs se mirent indéfiniment dans l'eau transparente.

Une porte massive, rappelant la Bab-el-Azab du Caire : nous voilà sur la grande place de Jajce. Un café accroché au rocher à pic, des maisons plantées au sommet des murs d'enceinte et à moitié suspendues dans le vide, une fontaine entourée de groupes pittoresques, semblent disposés pour le plaisir des visiteurs.

Les ruelles s'étagent sur la colline, conduisant aux catacombes, à la tour vénitienne, au vieux château témoin de combats acharnés, au quartier des marchands, puis, tout au fond du ravin, au cours tumultueux du Verbas, qui vient de recevoir le choc terrible de la Pliva.

Que de découvertes à faire dans ces rues étroites ! Partout les moucharabys aux grillages étroits donnent l'essor au rêve, quoi-

qu'ils épandent le mystère sur les occupations les plus banales de la vie féminine et cachent une réalité des plus prosaïques.

Voici un gros minaret de bois qui, par un
vent d'orage, s'est jadis abattu sur le sol; des
mains pieuses l'ont relevé à la porte du temple
sans se soucier de lui rendre sa place primi-
tive. Voilà une mosquée protée, apanage d'un
iman cumulard, qui est à la fois sanctuaire,
cimetière et boutique : elle semble dire au
passant, comme le cocher d'Harpagon : « Que
vous plaît-il que je sois? Vous voulez prier,
prenez à droite; vous venez pour enterrer un
parent, voyez en face; vous cherchez de la
ficelle ou des grains, arrêtez-vous sous le
porche. »

Le voyageur ne voit pas auprès des mosquées bosniennes, comme à Constantinople,
le loueur de pantoufles, pieux percepteur d'un
lourd péage; s'il a corrompu le gardien, il
doit abandonner ses chaussures parmi les babouches usées qui émaillent le sol; mais par
les portes entr'ouvertes il peut surprendre
les mystères de la prière, entendre haleter les
hurleurs et voir les derviches se livrer à leurs
valses folles.

CHAPITRE VIII

Les lacs de la Pliva. — Embarqués dans des troncs d'arbre. — Jezero. — Déjeuner à la turque. — Danses et travestissements tziganes. — Jeu de l'outre. — Travnik.

Remontons au galop le cours de la Pliva. Les eaux, au-dessus de la chute, n'ont pas la fougueuse impétuosité de celles du Niagara ou de la Wuoxa : elles fuient sous l'herbe et les arbustes, lèchent les îlots qui les arrêtent, descendent doucement de larges gradins de pierre qui tracent d'une rive à l'autre une dentelle d'écume, rencontrant parfois sur leur route les ailettes de petits moulins de bois qui tremblent comme les branches des arbres au souffle de l'orage.

Cent ruisseaux gazouilleurs sillonnent dans la verdure la haute paroi rocheuse qui sépare les lacs formés par le torrent au milieu des

montagnes. Des troncs d'arbre creusés en
barques rappellent au voyageur qu'il est
loin d'Asnières, de Bougival, du lac des
Quatre-Cantons et du Todtensee. Planté à
l'arrière le pagayeur, tel un gondolier de Ve-

nise, dirige son frêle esquif vers le joli village
de Jezero, à peine visible au milieu du feuil-
lage dont les reflets assombrissent les eaux
pures du chenal.

Le gouvernement autrichien a construit là
un joli chalet dont le large escalier sert de
débarcadère. Le repas à y faire n'est pas sans

inspirer une légitime inquiétude : un paysan
met à la broche un mouton tout entier ; à

côté gisent, empalées, des truites qui semblent
n'avoir que la peau sur les arêtes ; seules
d'énormes écrevisses, petites-filles du célèbre

cardinal des mers, inspirent la confiance et soutiennent l'appétit. Nous sommes bientôt rassurés; mal avisé serait alors celui qui vanterait les restaurants du boulevard : il ne reste autour de nous que les pals attendant de nouvelles victimes.

Du fond de leurs huttes misérables les tziganes ont senti l'étranger. Dans les relais, les gares et les hôtels, ils sont toujours au premier rang ; aimant le bruit, le mouvement, c'est par plaisir personnel qu'ils continuent leurs chants et leurs danses longtemps après avoir perdu tout espoir d'en tirer profit. Ils nous ont accompagné sur le lac dans un canot malpropre ; les voici qui reprennent leurs douloureuses modulations, suivies de czárdas endiablées. Quelques-uns ont posé sur leurs visages des masques formés d'étoupe et de lanières de papier; d'autres se balancent et tournent en cadence, les bras étendus et le corps en arrière, nous initiant aux mystères d'une danse nationale.

Maintenant une outre est jetée à terre et, pieds nus, les paysans s'élancent pour la cre-

ver du talon. La peau est bien gonflée, résis-
tante et glissante ; les bonds et les chutes
provoquent les rires jusqu'au moment où un
lutteur heureux ouvre la fissure qui lui fait

gagner la prime, objet de vives convoi-
tises.

A quelque distance de Jajce sur la route
de Sarajevo se trouve l'ancienne capitale musulmane, déchue de sa splendeur passée. Si-

tuée dans un défilé pittoresque, dominée par son vieux château, la ville de Travnik, pleine de cimetières turcs et entourée de tombes bogomiles, a conservé des mosquées à allures de cathédrales, chargées d'ornementations bizarres, de fresques maladroites et prétentieuses. C'est la Tlemcen de la Bosnie; ses mœurs et ses costumes amusent et retiennent le voyageur qui voudrait y rencontrer la sultane Sheherazade.

CHAPITRE IX

La chaîne Illyrienne sépare les plateaux de
la Bosnie de ceux de l'Herzégovine ; elle suit
une direction parallèle à la côte de l'Adriatique. Mystères de la langue slave ! Ses montagnes couvertes de neige s'appellent des pla-
ninas.

La percée faite aux flancs du mont Ivan
éveille le souvenir des grands tunnels des
Alpes ; le train gravit des pentes abruptes,
s'accrochant par moments à de fortes crémail-
lères placées au milieu de la voie ferrée. Il
passe dans la vallée de la Trebenitza, cirque

verdoyant au milieu duquel apparaît la jolie
ville de Konjitza. Nous arrivons au pays de la
pierre ; retournant un vieux dicton dalmate
on peut dire : « Où commencent les pierres,
où finissent les arbres, là se trouve l'Herzégovine. »

La Narenta, seul fleuve qui dirige ses eaux
vers l'Adriatique, perce la Tsernagora, en-
tassement de rochers qu'une légende pré-
tend échappés du sac où Dieu puisait les
montagnes au moment de la création du
monde.

Le défilé de la Narenta est une « sublime
horreur », dirait un personnage de notre
joyeux Labiche. Pressés entre des falaises
abruptes et dénudées, le torrent, la route et
la voie ferrée se sont péniblement frayé passage. Si le cor des Alpes se faisait entendre,
on songerait aux derniers soupirs de Roland
dans les rochers de Roncevaux. Quel joli pays
d'escarmouches ! Habilement dirigées, quel-
ques-unes des pierres qui font bondir les
eaux rapides ont dû briser des têtes sur leur
passage.

Du milieu du roc jaillit un puissant torrent
qui, d'un jet, tombe dans la Narenta : c'est la

Comadina. La rivière meurt en prenant nais-
sance, sortant d'un trou pour tomber dans
le gouffre.

*

Tout à coup les montagnes se séparent, laissant glisser jusqu'au torrent un tapis de verdure et de fleurs ; la Jablanitza, la rivière des peupliers, a créé là un frais vallon recherché en été comme une ville d'eaux.

Sous les tons gris d'une large plaine, on aperçoit Mostar, ville au nom sauvage qui traduit en français signifie simplement « le pont », souvenir banal de Joinville ou de Charenton. C'est l'Anditrium des Romains, la Vitrinitza des Slaves du xve siècle — noms à dérouter à jamais les étymologistes !

Le pont ! C'est la grande œuvre des musulmans, la clef de l'Herzégovine, une arche formidablement hardie jetée à 8o pieds de hauteur sur le ravin rocailleux de la Narenta.

Toute turque, avec ses quarante minarets blancs dressés vers le ciel, la ville a rejeté d'un côté les hôtels modernes, de l'autre les casernes autrichiennes, restant ce qu'elle était autrefois, alors qu'elle servait de capitale aux ducs de Saint-Saba. Pas de trottoirs ni de maisons à deux étages ; sur chaque porte une fenêtre à moucharabys révèle l'appartement des femmes, ou plutôt de la femme, car si la polygamie n'est pas un cas pendable, et si elle figure au nombre des prescriptions hygiéniques du Prophète, beaucoup de musulmans, par esprit d'économie et par besoin de tranquillité, attendent le paradis de Mahomet pour la pratiquer.

A quelques kilomètres de Mostar, au pied d'une haute montagne, se trouvent les sources de la Bouna. Si, après une chaude journée d'été, on a le courage d'affronter la poussière du chemin, on fait une excursion émouvante vers ce trou noir gardé par deux turbés qu'éclairent des lampions fumeux. La Bouna n'est autre que la Zalonska qui, perdue au Monténégro, reparaît après avoir traversé les montagnes de la Doubrava.

Cherchant à pénétrer prématurément les mystères de la spéléologie, un berger monténégrin avait entrepris jadis d'abandonner quelques brebis au fil de l'eau ; son père les recueillait pieusement de l'autre côté de la montagne. L'agha vit une fraude dans cet amour pour la science et, un jour, ce fut le corps décapité de son fils que le père aperçut au milieu du fleuve.

S'il faut tirer un enseignement d'un voyage en Bosnie et en Herzégovine, ce sont les Autrichiens qui nous le fourniront. Partout s'est opérée, par la puissance et le génie d'un homme, M. B. de Kállay, l'assimilation des races et des religions sans qu'un intérêt soit lésé, sans qu'une tradition soit détruite, sans que les idées, les préjugés même soient atteints. Les chrétiens sont devenus des hommes, et aucun de leurs anciens maîtres n'a quitté le pays qui l'a vu naître.

Pendant cinq siècles la Porte n'a rencontré, dans les hautes montagnes de la Bosnie et de l'Herzégovine, que voleurs, assassins et rebelles. En moins de quinze années, respectueuse des usages, l'Autriche a su conquérir les musulmans les plus farouches à la civilisation européenne en donnant au pays la fécondité et à ses habitants la richesse.

En 1879 le beg Capitanovitch disait à M. Marbeau, qui traversait la contrée : « Nous ne demandons qu'à être vus et jugés ; on nous rendra cette justice qu'il n'est guère possible de faire mieux. »

Vous vous trompiez ce jour-là, beg Capitanovitch ; vous vouliez dire, et vous aviez raison : « Il est impossible de faire mieux. »

TABLE DES MATIÈRES

INTRODUCTION

Pages.

CHAPITRE Ier

CHAPITRE II

CHAPITRE III

CHAPITRE IX

Nancy, imprimerie Berger-Levrault et Cⁱᵉ.